Yr Hen Ffordd Gymreig

Trosedd a Chosb

Catrin Stevens

Lluniau gan Robin Lawrie

Cyhoeddwyd dan nawdd Cynllun Adnoddau Addysgu a Dysgu CBAC

Trosedd a chosb

Mae angen rheolau arnom ni ac ar y gymdeithas rydym ni'n byw ynddi i'n helpu i gyd-fyw yn hwylus. Ond weithiau bydd pobl yn torri'r rheolau neu'r cyfreithiau hyn. Dyna beth yw troseddu. Mae'n rhaid cosbi'r bobl hyn. Mae'r prif droseddau heddiw yn debyg i droseddau ar hyd y canrifoedd – lladd, llofruddio, dwyn ac ymosod ar berson arall. Ond does neb yn cael eu herlid am fod yn wrach nac am fod yn dlawd heddiw. Erbyn hyn, mae troseddwyr yn cael eu cosbi am yrru'n rhy gyflym neu am dwyllo ar y we.

Darganfod corff – yr heddlu'n ymchwilio

Arestio pedwar am smyglo cyffuriau

Camerâu cyflymder yn dal llawer o yrwyr

Dyn yn euog o saethu plismon

Mae cosbau wedi newid llawer iawn ar hyd y canrifoedd. Ers llawer dydd, roedd y pwyslais ar gosb gorfforol boenus – fel crogi neu losgi neu ddienyddio. Ym 1969 cafodd Prydain wared â'r gosb eithaf (lladd rhywun am droseddu). Yn y gorffennol, roedd carcharorion rhyfel yn cael eu harteithio (arteithio – poenydio, rhoi poen i rywun) neu eu gwneud yn gaethweision. Ond er 1900 mae Cytundeb Genefa wedi gwarchod hawliau carcharorion rhyfel. Heddiw, y prif gosbau am bob math o droseddau yw mynd i'r carchar a chael dirwy (talu swm o arian fel cosb).

Sut ydyn ni'n gwybod?

Mae hanes troseddwyr, eu troseddau a'u cosbau yng nghofnodion (cofnodion – nodiadau) y llysoedd barn neu yn llyfrau cofrestru carchardai. Mae hanes troseddau wedi llenwi'r papurau newydd ers Oes Victoria hefyd, a heddiw cawn hanesion di-ddiwedd ar y radio a'r teledu amdanynt. Yn aml – yn enwedig yn achos menywod – mae'n haws dod o hyd i hanes rhywun oedd wedi troseddu nag i hanes rhywun oedd wedi byw'n dda ar hyd ei oes.

Er mwyn gwybod pa gyfreithiau sydd wedi cael eu torri, gallwn edrych ar lyfrau cyfraith Hywel Dda yn yr Oesoedd Canol, ac o'r cyfnod hwnnw ymlaen, gallwn edrych yng nghofnodion Senedd San Steffan yn Llundain. Senedd San Steffan oedd yn pasio'r deddfau gwahanol.

Llun y barnwr yn un o lawysgrifau Cyfraith Hywel – Peniarth 28

Mae cofnodion Llys Chwarter Sir Gaernarfon ym 1563 yn cofnodi bod John ab Ieuan o Geidio wedi dwyn bwyell gwerth pedair ceiniog. Cafodd ei chwipio a'i roi yn y rhigod (fframwaith pren â thyllau i'r pen a'r dwylo) fel cosb am wneud hynny.

Cafodd rhai deddfau rhyfedd eu pasio:

- Yn ôl Cyfraith Hywel Dda gallai gwraig gael ysgariad (gwahanu'n swyddogol oddi wrth ei gŵr) os oedd ei anadl yn drewi!
- Yn Oes Elisabeth I, câi pobl eu dirwyo am beidio â mynd i'r eglwys.
- Pasiodd y Piwritaniaid ddeddf ym 1644 yn gwahardd pobl rhag dathlu'r Nadolig!

Mae cofrestr carchar Caerfyrddin (1844-1871) yn dweud llawer wrthym am y carcharorion oedd yno. Tair ar ddeg oed oedd David Miles o Landeilo pan gafodd ei garcharu am ddwyn esgidiau ym 1869. Yn ôl y disgrifiad roedd ganddo 'wyneb ffres' ac mae llun ohono yn y gofrestr. Ei gosb oedd gwneud chwe diwrnod o lafur caled (gwaith caled) a chael ei chwipio ddwy ar bymtheg o weithiau.

Doedd rhai troseddau, fel camdrin plant a chamdrin gwragedd, ddim yn cyrraedd y llys. 'Cwerylon cartref' oedden nhw a doedd plismyn ddim yn hoffi ymyrryd ym mywydau cartrefi pobl.

David Miles

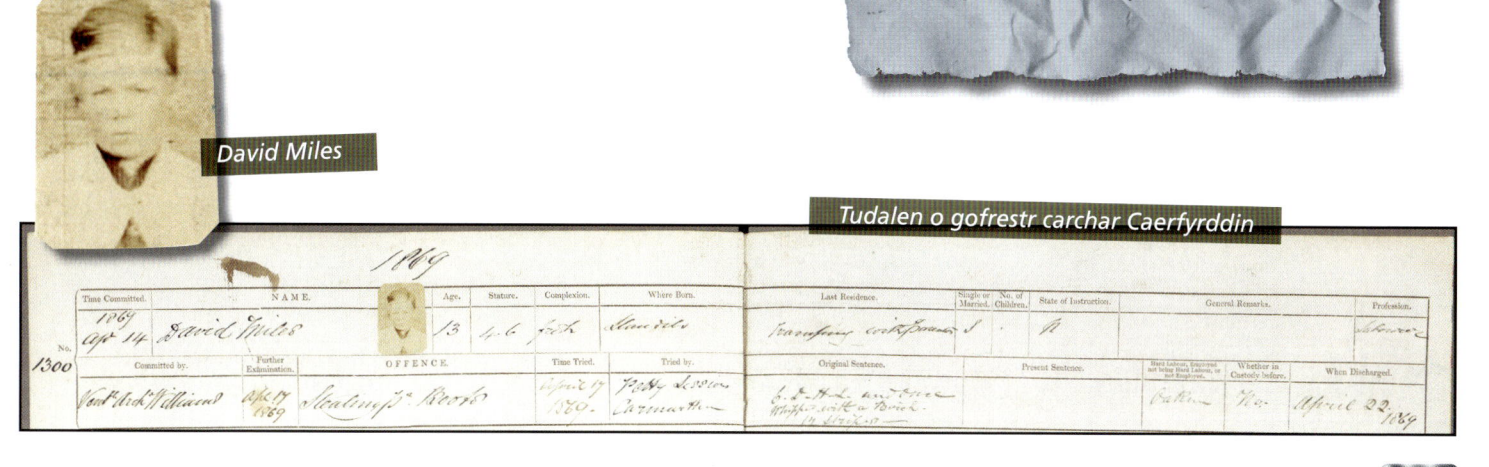

Tudalen o gofrestr carchar Caerfyrddin

Cyfreithiau Hywel Dda

Yn yr Oesoedd Canol yng Nghymru Cyfreithiau Hywel Dda oedd yn rheoli sut roedd pobl yn cyd-fyw ac yn ymddwyn. Roedd Hywel Dda'n frenin dros y rhan fwyaf o Gymru rhwng tua 940 a 950 OC. Mae'r llyfrau cyfraith yn dweud bod Hywel wedi galw chwech dyn o bob cwmwd (ardal) yng Nghymru at ei gilydd i'r Tŷ Gwyn ar Daf i drafod cyfreithiau'r wlad. Penderfynon nhw gadw rhai o'r hen gyfreithiau, gwella rhai ohonyn nhw a chreu rhai cyfreithiau newydd.

Yn anffodus dydyn ni ddim yn siŵr a ddigwyddodd hyn mewn gwirionedd. Cafodd y llawysgrifau sy'n disgrifio'r cyfarfod hwn eu hysgrifennu tua 1250 OC, sef o leiaf 300 mlynedd ar ôl i Hywel Dda farw.

Mae'n amlwg hefyd fod rhai cyfreithiau diweddarach a oedd yn perthyn i'r drydedd ganrif ar ddeg yn gymysg â'r cyfreithiau cynnar yn y llawysgrifau.

Ond mae haneswyr yn sylwi hefyd mai Hywel yw'r unig frenin yn hanes Cymru sydd wedi ei alw yn 'Dda' ac efallai fod hynny am iddo ddysgu'r Cymry sut i gyd-fyw.

Heddiw mae canolfan hardd a gerddi yn Hendy-gwyn ar Daf yn Sir Gaerfyrddin i gofio'r cyfreithiau Cymreig a'u dathlu.

Cyfreithiau Alfred Fawr

Ychydig cyn amser Hywel Dda roedd y brenin enwog Alfred Fawr o Wessex wedi llunio cyfreithiau ar gyfer y Saeson. Mae'n siŵr fod Hywel yn gwybod am y rhain. Ond eto mae cyfreithiau'r Cymry yn wahanol i rai'r Saeson.

Y brenin yn un o lawysgrifau Cyfraith Hywel – Peniarth 28

Cerflun Hywel Dda yn Amgueddfa Genedlaethol Cymru

Talu galanas

Yng nghyfreithiau'r Cymry doedd llofrudd ddim yn cael ei grogi na'i ddienyddio (torri ei ben). Yn hytrach, byddai'n rhaid i deulu'r llofrudd dalu arian i deulu'r person oedd wedi cael ei lofruddio. Yr enw am hyn oedd 'talu galanas', sef talu dirwy am werth bywyd rhywun. Roedd galanas pencenedl (pennaeth neu arweinydd) yn werth 189 buwch ond dim ond 31 buwch oedd gwerth galanas bilain (gweithiwr ar y tir).

Os gallai lleidr brofi ei fod yn dlawd ac wedi bod yn cardota, ond heb lwyddo, am dri diwrnod cyn dwyn bwyd i fwydo ei deulu, ni fyddai'n cael ei grogi.

Gallai lleidr gael ei grogi am ddwyn. Roedd y cyfreithiau'n dweud yn union faint oedd gwerth unrhyw beth a gâi ei ddwyn. Roedd derwen yn werth 120 ceiniog ond un geiniog yn unig oedd gwerth iâr.

Gwerth rhannau'r corff

Os câi person ei anafu gan rywun arall roedd yn rhaid i'r troseddwr dalu gwerth yr anaf. Ac roedd gan bob rhan o'r corff werth arbennig. Gwerth bys oedd un fuwch neu 20 ceiniog ond roedd bawd yn werth dwbl hynny, sef 40 ceiniog neu ddwy fuwch.

Os oedd person a oedd wedi ei gyhuddo o lofruddiaeth yn dweud ei fod yn ddi-euog, roedd yn rhaid iddo ddod o hyd i 50 o bobl i siarad ar ei ran.

Cadw cyfraith a threfn ar hyd yr oesoedd

O'r Oesoedd Canol ymlaen, wrth i frenhinoedd Lloegr goncro Cymru fesul tipyn, daeth deddfau Lloegr i reoli'r wlad. Cafodd cyfreithiau Hywel Dda eu rhoi i'r naill ochr. Wedi i Llywelyn ein Llyw Olaf farw ym 1282, cafodd chwech sir eu sefydlu gyda siryf i ofalu am bob un. Penodwyd ustus (barnwr, prif swyddog y gyfraith) dros Ogledd Cymru ac un arall dros siroedd Ceredigion a Chaerfyrddin.

Yna, rhwng 1536 a 1542, penderfynodd y brenin Harri VIII uno Lloegr a Chymru dan un gyfraith ac un Senedd. Nawr roedd nifer o lysoedd barn a swyddogion cyfreithiol i gadw cyfraith a threfn. Yn eu plith roedd:

• *Cyngor y Mers* a oedd yn cwrdd yn Llwydlo, dros y ffin yn Lloegr. Hwn oedd yn gofalu am amddiffyn y wlad. Diflannodd hwn ym 1688.
• *Llys y Sesiwn Fawr* lle roedd troseddwyr difrifol fel llofruddion a môr-ladron yn cael eu profi gan farnwr a rheithgor (grŵp o bobl yn penderfynu a yw rhywun yn euog neu'n ddi-euog).
• *Llys y Sesiwn Chwarter* oedd yn profi troseddau llai difrifol o flaen Ynad neu Ustus Heddwch a rheithgor. Byddai'r llys hwn yn cwrdd unwaith bob chwarter blwyddyn ac yn teithio o amgylch prif drefi'r siroedd.

Ym 1971 diflannodd Llys y Sesiwn Fawr a Llys y Sesiwn Chwarter a chafwyd Llys y Goron yn eu lle. Heddiw, er hynny, Mainc yr Ynadon Heddwch sy'n profi 95% o holl achosion y wlad.

Y Barnwr Campbell, o Lanandras

Roedd llawer iawn o waith gan y siryf yn yr Oesoedd Canol. Roedd yn rhaid iddo gasglu gwybodaeth am bob math o droseddwyr – bradwyr, llofruddion a lladron; rhai oedd yn prynu neu werthu cig wedi ei ddwyn; rhai oedd yn lliwio crwyn gwartheg a cheffylau wedi eu dwyn; rhai oedd yn lladrata colomennod, yn cneifio defaid yn y nos, neu yn dwyn ŷd o'r caeau, a llawer mwy.

Saesneg oedd iaith swyddogol pob llys barn yng Nghymru ar ôl Deddf Uno 1536. Ond doedd y rhan fwyaf o Gymry ddim yn deall Saesneg, a doedd y Barnwyr ddim yn deall Cymraeg. Felly roedd angen cyfieithwyr, ond doedden nhw ddim yn gwneud gwaith da iawn. Roedd hi'n anodd iawn i berson gael achos teg felly. Ambell dro, fyddai troseddwr ddim hyd yn oed yn deall beth oedd ei **ddedfryd (penderfyniad y llys)**. Ond yn ffodus byddai'r rheithgor gan amlaf yn deall Cymraeg ac yn tueddu i ryddhau troseddwyr yn lle eu cosbi.

Yn Llanandras, Powys, maen nhw wedi mynd ati i adfer 'Llety'r Barnwr' yn y dref fel ein bod ni heddiw yn gallu gweld pa fath o le oedd llys barn, ystafelloedd y barnwr a'i weision a chelloedd y carcharorion, yn ôl yn y 1870au. Mae'n bosibl gweld graffiti o enwau carcharorion a'u cosb wedi eu crafu ar wal yr adeilad. Mae hanes am un achos lle roedd dau weithiwr o Raeadr yn ymladd dros bâr o drôns neu ddillad isaf. Yn y diwedd penderfynon nhw pwy oedd biau'r dilledyn trwy sylwi ar y marciau arbennig oedd arno!

Drws cell, Llety'r Barnwr

Llety'r Barnwr, Llanandras

Helô, helô, helô! Hanes yr heddlu

Ers llawer dydd doedd dim plismyn i ofalu bod pobl yn cadw at gyfreithiau'r wlad. Roedd yn rhaid i'r penteulu (pennaeth y teulu) a'r gymdeithas ddal troseddwyr. Yna, tua diwedd yr Oesoedd Canol, dechreuodd y plwyfi ddewis un person i weithio fel cwnstabl drostyn nhw. Doedd dim gwisg arbennig na thâl am y gwaith hwn. Y cwnstabl oedd yn cofnodi crwydriaid ac yn dal troseddwyr gan ddod â nhw o flaen y llys. Weithiau byddai'n rhaid cynnal 'gwaedd ac ymlid' i ddal troseddwr, fel yn achos Richard Cheadle.

Erbyn tua 1800 roedd y boblogaeth wedi tyfu'n aruthrol ac roedd hi'n amhosib i gwnstabliaid plwyf gadw trefn. Felly, dyma'r Ysgrifennydd Cartref, Robert Peel, yn sefydlu Heddlu yn Llundain ym 1829, gan dalu cyflogau i'r cwnstabliaid a'u gwneud yn llu proffesiynol. Dyma'r *Peelers* neu'r *Bobbies*.

Rhwng 1841 a 1856, pasiodd y Senedd sawl deddf i sefydlu heddlu ym mhob sir. O hyn ymlaen byddai gwisg swyddogol ac arfau arbennig gan blismyn. Agorodd gorsafoedd heddlu mewn pentrefi a threfi, ac ar y dechrau roedd yn rhaid i blismyn fod ar ddyletswydd trwy'r amser, heb wyliau o gwbl.

Erbyn heddiw mae'r heddlu yn gorfod delio â phob math o droseddwyr – o yrwyr cyflym i werthwyr cyffuriau a therfysgwyr. Mae ganddyn nhw'r offer electronig diweddaraf, ceir cyflym a hofrenyddion.

Moses Row, plismon ym Merthyr Tudful yn y 1860au

Gwaith peryglus!
Roedd gwaith plismon yn gallu bod yn unig a pheryglus. Yn Nowlais, ger Merthyr Tudful, ym 1842, ceisiodd Sarjant Dawkins a PC William Fair arestio tri dyn lleol am ymosod. Ond dechreuodd tyrfa o 150 o bobl daflu cerrig atyn nhw. Neidiodd un troseddwr am ben Dawkins a chnoi darn o'i drwyn i ffwrdd bron yn llwyr. Yn y pen draw cafodd y troseddwyr eu dal er gwaetha'r dyrfa.

Menywod yn yr heddlu
Dim ond o tua 1945 ymlaen y cafodd menywod eu derbyn yn iawn i heddluoedd Cymru. Hyd yn oed wedyn, eu prif waith oedd gweithio gyda phlant a gofalu am y traffig. Ond erbyn 2004 roedd dynes o'r enw Barbara Wilding yn bennaeth Heddlu De Cymru ac roedd 640 o blismonesau yn gweithio iddi.

Richard Cheadle

Ym 1650 cafodd y Cyrnol Richard Bulkeley ei lofruddio gan Richard Cheadle ar Draeth Lafan, Sir Fôn. Galwodd y cwnstabl plwyf ar bawb i ddod i'w helpu i ymlid (erlid) Cheadle, gan weiddi'n uchel fel dynion yn hela. Ym mhob plwyf cyfrifoldeb y cwnstabl lleol oedd cario'r ymlid yn ei flaen. Cafodd Cheadle ei ymlid a'i ddal o'r diwedd yng Nghaer, a'i grogi yng Nghonwy.

Pan ymunodd PC James James â Heddlu Morgannwg ym 1860, cafodd bastwn pren gyda sêl y Frenhines Victoria arno (roedd yn ei gario mewn poced y tu fewn i'w drowsus). Câi plismyn hefyd bâr o gyffion llaw, ratl i alw am help a lamp olew. Byddai rhai plismyn yn y cyfnod yma yn gwisgo coler ledr uchel â phigau metel arni, rhag ofn i rywun geisio eu tagu.

Erbyn heddiw, mae plismyn yn cario pastwn metel sy'n gallu agor trwy glicio botwm ac sy'n ymestyn i tua 60cm. Daeth chwiban i gymryd lle'r ratl, ond erbyn hyn mae ffonau symudol gan bob plismon, a fflachlamp yn lle lamp olew. Dydy plismyn cyffredin Prydain ddim yn cario gynnau – hyd yn oed heddiw.

Y gosb eithaf

Y gosb fwyaf difrifol y gallai unrhyw droseddwr ei dioddef oedd colli ei fywyd – dyna'r gosb eithaf. Roedd sawl dull erchyll o ladd troseddwyr o'r fath. Byddai troseddwyr cyfoethog yn cael eu dienyddio, sef torri eu pen â bwyell neu gleddyf, ond roedd crogi â rhaff yn ddigon da i lofruddion a lladron cyffredin. Câi rhai eu llosgi i farwolaeth, ac os oedd llofrudd wedi defnyddio gwenwyn, gallai gael ei ferwi'n fyw mewn olew.

Roedd bradychu'r brenin neu'r frenhines neu ddechrau terfysg yn drosedd ddifrifol. Teyrnfradwr oedd yr enw ar rywun oedd yn euog o hyn. Caent eu diberfeddu (tynnu eu perfedd allan) a'u pedrannu (rhannu'r corff yn bedwar chwarter). Roedd cosb ychwanegol hyd yn oed ar ôl marw weithiau. Byddai pobl yn gorymdeithio gyda'r pen ar bolyn. Neu câi'r corff ei roi mewn sibed (ffrâm fetel) i bydru. Byddai hyn yn rhybudd i bawb arall beidio â throseddu.

Tan tua 1800, am ddwyn rhywbeth oedd yn werth mwy na deuddeg ceiniog, câi lladron eu crogi.

Byddai pobl wrth eu bodd yn gwylio rhywun yn cael ei ddienyddio. Roedd dwy grocbren gyhoeddus yng Nghaerfyrddin – ym Mhensarn a Thre Ioan. Ymgasglodd 3,000 o bobl i wylio William Griffith, Niwbwrch yn cael ei grogi ym Miwmaris ym 1830. Cafodd ei grogi oherwydd iddo geisio tagu a llosgi ei wraig, Mary.

Vivian F. Teed oedd yr olaf i gael ei grogi yng Nghymru, ym 1958 – a hynny am lofruddio post-feistr Fforest-fach, Abertawe. Casglwyd 1,000 o enwau ar ddeiseb yn gofyn am bardwn i Teed, oherwydd ei fod yn sâl ei feddwl, ond methodd y ddeiseb ei achub.

Ym 1969, cafodd y gosb eithaf ei diddymu (gwneud i ffwrdd â hi) ym Mhrydain.

Mae'n debyg mai'r person cyntaf a gafodd ei grogi, ei ddiberfeddu a'i bedrannu oedd y tywysog Dafydd ap Gruffudd, brawd Llywelyn ein Llyw Olaf. Cafodd y gosb eithaf oherwydd iddo godi mewn gwrthryfel yn erbyn Edward I. Cafodd pedwar chwarter ei gorff eu rhannu rhwng dinasoedd Winchester, Northampton, Efrog a Chaer.

Ym 1671, roedd cosb Henry Jones o Sir Fynwy am ladd ei fam, Grace, yn un ddychrynllyd iawn. Cafodd ei wasgu i farwolaeth a chymerodd ddau ddiwrnod i farw.

Dim ond chwe pherson gafodd eu crogi yng ngharchar Biwmaris yn y ddeunawfed ganrif. Trosedd Siân merch Evan o Landdaniel oedd lladrata, a dwyn tair dafad yn Llanallgo oedd trosedd John Jones.

Daeth yn arfer ar ôl crogi troseddwr i **ddyrannu ei gorff (ei agor i fyny)**. Cafodd corff David Evans ei ddyrannu a'i arddangos i'r cyhoedd yng ngharchar Caerfyrddin ym 1829.

Dienyddio troseddwr

Baled am ddienyddiad Murphy ym 1910

Roedd baledwyr wrth eu bodd yn canu caneuon am hanesion erchyll o'r fath, ac roedden nhw'n gwerthu eu **baledi (darnau o farddoniaeth)** i'r tyrfaoedd oedd yn gwylio'r crogi. Un faled boblogaidd oedd cerdd Thomas Davies, Dowlais yn sôn am lofruddio Tamar Edwards ym Merthyr Tudful ym 1842. Ei mab, Richard, gafodd ei gyhuddo o'i chrogi:

Roedd llu o bobl Merthyr
Yn gweiddi ag un llef,
'Y llofrudd mwy na chadwer,
Ond bellach croger ef!'

Gwrachod

Roedd Oes y Tuduriaid a'r Stiwartiaid yn gyfnodau creulon iawn i wrachod. Cafodd tua 100,000 o wrachod eu llosgi neu eu crogi yn Ewrop, 4,500 yn yr Alban a thua 300 yn Lloegr. Ond yng Nghymru dim ond pum gwrach gafodd eu crogi.

Y wrach gyntaf i gael ei chrogi oedd Gwen ferch Ellis o Sir Ddinbych. Roedden nhw'n dweud ei bod hi wedi gwneud pobl leol yn sâl gyda'i swynion drwg. Roedd pobl oedd yn ymweld â'i chartref yn dweud bod ganddi bryfyn enfawr hefyd, ac mai'r diafol oedd y pryfyn. Er fod Gwen yn gwadu hyn, cafodd ei chrogi ym 1595. Y wrach olaf i gael ei chrogi oedd Marged ferch Richard o Fiwmaris. Crogwyd hi ym 1655 am reibio (rheibio – rhoi swyn gas ar rywun) gwraig o'r ardal.

Roedd gan y bobl gyffredin eu dulliau eu hunain o ddarganfod a oedd menyw yn wrach ai peidio. Byddai ganddynt hefyd eu dulliau eu hunain o gosbi, heb fynd i lys barn. Bydden nhw'n 'nofio'r wrach', trwy glymu bawd ei llaw dde wrth fawd ei throed chwith, a bawd ei llaw chwith wrth fawd ei throed dde. Yna, bydden nhw'n ei thaflu i'r afon. Os oedd hi'n wrach, byddai'n nofio ac yna câi ei chrogi. Os oedd hi'n ddi-euog byddai'n suddo ac yn boddi, druan.

> Dull creulon arall o gosbi oedd clymu'r wraig mewn stôl drochi a'i throchi i fyny ac i lawr mewn llyn neu afon, nes ei bod yn cyfaddef ei bod yn euog. Unwaith eto, byddai sawl un yn marw o'r driniaeth greulon. Y 'gadair goch' oedd enw'r gadair trochi gwrachod yn Nolgellau.

Merthyron

Yn ystod yr un cyfnod, yn yr unfed a'r ail ganrif ar bymtheg, roedd hi'n anodd iawn ar bobl oedd yn anghytuno â chrefydd y brenin neu'r frenhines. Un funud, roedd hi'n beryglus i berthyn i'r Eglwys Gatholig a'r funud nesaf, roedd hi'n beryglus i berthyn i Eglwys Loegr. Roedd hi'n beryglus os nad oeddech chi'n cytuno â'r un o'r ddwy yma hefyd! Os oeddech chi'n dioddef neu'n marw dros rywbeth roeddech yn credu ynddo roeddech chi'n ferthyr.

Mae'r Frenhines Mari Tudur, neu Mari Waedlyd, yn enwog am losgi tua 275 o Brotestaniaid Eglwys Loegr. Ond yng Nghymru, tri Phrotestant yn unig gafodd eu llosgi. Un ohonyn nhw oedd Esgob Tyddewi, Robert Ferrar, a gafodd ei losgi ar y stanc (wedi ei glymu wrth bolyn) yng Nghaerfyrddin ar Fawrth 31, 1555. Wynebodd y gosb eithaf yn ddewr. Cododd ei fraich fel cannwyll yn fflamau'r tân crasboeth.

Pan ddaeth Elisabeth I i'r orsedd, câi'r Catholigion eu herlid am wrthod mynd i Eglwys Loegr a thorri cyfreithiau'r Senedd. Cafodd Rhisiart Gwyn o Lanidloes ei ddedfrydu i farwolaeth am fod yn deyrnfradwr o'r math hwn ym 1584. Yn Wrecsam, cafodd ei hanner crogi, yna tynnwyd ei gorff i lawr a thorrwyd darnau ohono i ffwrdd. Ceisiodd y crogwr dynnu ei berfedd allan gyda bwyell. Roedd Gwyn yn hanner-byw trwy hyn i gyd. Yna, torron nhw ei ben i ffwrdd.

Cafodd pedwar offeiriad Catholig arall farwolaethau tebyg yn ne Cymru ym 1679. Ym 1970 cafodd y rhain eu gwneud yn ferthyron ac yn seintiau gan y Pab yn Rhufain.

John Penry
Y merthyr cyntaf i gael ei ddienyddio am feirniadu Eglwys Loegr yn hallt oedd y Cymro, John Penry o Langamarch, Powys. Doedd yr esgobion ddim yn hoffi cael eu beirniadu fel hyn. Felly cafodd Penry ei grogi yn Llundain ar Fai 29, 1593.

Crogi ar gam

Yn hanes Cymru, cafodd ambell un ei grogi ar gam, ac mae'r achosion trist yma wedi dod yn enwog iawn.

Dic Penderyn

Ym mis Mehefin 1831, cododd 10,000 o weithwyr Merthyr Tudful a Dowlais mewn terfysg yn erbyn meistri'r gweithfeydd haearn. Yn anffodus, yn ystod y brotest o flaen Gwesty'r Castell, taniodd milwyr o'r Alban ar y dyrfa gan ladd 24 ohonynt. Ond cafodd rhai o'r milwyr eu hanafu hefyd – yn eu plith Donald Black. Rywsut, cafodd enw Richard Lewis, neu Dic Penderyn, gweithiwr haearn 30 oed, ei gysylltu â'r drosedd. Cafodd ei ddal a'i ddedfrydu i farwolaeth er ei fod yn mynnu nad oedd yn euog, ac er bod sawl person yn cefnogi ei stori. Ar Awst 13, 1831 crogwyd Dic yng ngharchar Caerdydd. Wrth fynd i'r crocbren, galwodd, 'O Arglwydd, dyma gamwedd!'

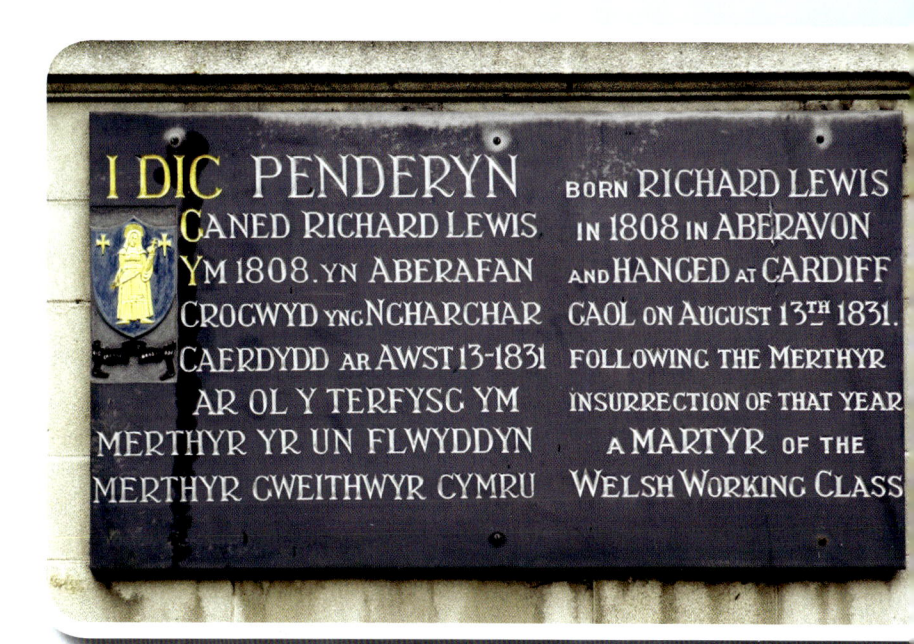

Flynyddoedd yn ddiweddarach cyfaddefodd dyn o'r enw Ieuan Parker yn Pennsylvania, America, mai ef oedd wedi trywanu Black, a'i fod wedi ffoi o Gymru oherwydd hynny. Dic Penderyn oedd merthyr cyntaf gweithwyr haearn Merthyr Tudful.

Canodd Dic Dywyll faled am grogi Dic Penderyn. Dyma ddarn ohoni:

Y trydydd dydd ar ddeg i'w enwi
O fis Awst, mae'n drist mynegi,
O dan y crocbren fe ga'dd fyned,
A miloedd lawer oedd yn gweled.

Mahmood Matten, y Somaliad

Llongwr o Somalia, yn byw yn Tiger Bay, Caerdydd oedd Mahmood Matten. Cafodd ei gyhuddo o dorri gwddf y siopwraig Lily Volpert ym 1952. Er bod pedwar person yn dweud nad oedd yn agos at siop Volpert ar y pryd, o fewn chwe mis, roedd Matten wedi ei gael yn euog a'i grogi yng ngharchar Caerdydd.

Am flynyddoedd wedyn bu mam Mahmood, Laura Matten, yn protestio ac ymgyrchu i brofi bod ei mab wedi cael ei grogi ar gam. O'r diwedd, ym 1998, enillodd y teulu'r achos a chytunodd y llys fod Matten wedi cael prawf annheg.

Timothy Evans, 10 Rillington Place

Cymro o Ferthyr Tudful oedd Timothy Evans. Roedd yn byw gyda'i wraig a'i faban yn 10 Rillington Place, gogledd Kensington, Llundain. Ond ym 1949 dechreuodd ddweud ei fod wedi lladd ei wraig a gadael eu baban yng ngofal rhywun yng Nghymru. Pan chwiliodd yr heddlu drwy'r tŷ, daethon nhw o hyd i gyrff Beryl Evans a'i baban yn farw – roedden nhw wedi cael eu tagu. O fewn tri mis roedd Timothy Evans wedi cael ei grogi am eu llofruddio.

Yna daeth tenant newydd i fyw i'r tŷ. Daeth o hyd i chwe chorff yno, gan gynnwys corff gwraig Christie, landlord a chymydog Evans. Daeth yn amlwg mai Christie oedd wedi eu lladd i gyd a rhoi'r bai ar Timothy Evans druan. Ym 1953, crogwyd Christie. Ac ym 1966, cafodd Timothy Evans bardwn gan y llywodraeth am iddo gael ei grogi ar gam. Bu hanes trist Timothy Evans yn help i gael gwared â'r gosb eithaf ym Mhrydain ym 1969.

Saethu gyda'r wawr

Am 7.30 y bore, ddydd Gwener, Ionawr 5, 1917, cafodd Edwin Dyett o Heol Albany, Caerdydd, ei saethu'n farw yn Ffrainc. Cafodd ei saethu gan filwyr ei fataliwn ei hun. Un ar hugain oed oedd Edwin ond roedd wedi ei gael yn euog o lwfrdra (llwfrdra – peidio ag ymddwyn yn ddewr) ac o gilio o faes y frwydr. Felly roedd y Fyddin yn benderfynol o'i saethu fel rhybudd i filwyr eraill. Cafodd dros 300 o filwyr Prydain eu lladd fel hyn yn ystod y Rhyfel Byd Cyntaf. Roedd y mwyafrif ohonyn nhw'n filwyr cyffredin. Dim ond tri swyddog gafodd eu saethu, ac Edwin Dyett oedd un ohonyn nhw. Dyna pam mae ei hanes mor ddiddorol.

Ymunodd Dyett â'r llynges ym 1915. Yn ystod y rhyfel cafodd ei anfon i ymladd gyda'r fyddin yn Ffrainc. Ar Dachwedd 3, 1916, roedd yn ymladd ym mrwydr ofnadwy'r Somme a chafodd orchymyn i symud ymlaen i'r rheng flaen. Ond am ryw reswm doedd e ddim yn gallu dod o hyd i'w uned a throdd yn ôl i chwilio amdani. Ar y ffordd, rhoddodd swyddog orchymyn iddo ddychwelyd i'r rheng flaen gyda grŵp o filwyr. Gwrthododd Dyett wrando gan fod y swyddog yn llai pwysig nag ef yn y fyddin. Yna, collodd ei ffordd yn y niwl a bu ar goll o'r frwydr am ddau ddiwrnod. Cafodd ei gyhuddo o fod yn llwfr a'i gael yn euog. Yn anffodus i Dyett roedd y Cadlywydd Haig newydd benderfynu bod angen cosbi a saethu mwy o swyddogion, yn ogystal â milwyr cyffredin, am gilio o faes y frwydr. Chafodd Dyett ddim cyfle i weld meddyg nac i apelio yn erbyn y ddedfryd greulon. Y noson cyn iddo gael ei saethu, ysgrifennodd lythyr torcalonnus at ei fam yn ymddiheuro am 'ddod â chywilydd arnoch chi i gyd'.

Llun o ffilm 'The Battle of the Somme'

Pabi gwyn
Roedd hi'n arfer rhoi pabi gwyn ar frest milwr oedd yn mynd i gael ei saethu, fel symbol o lwfrdra, ac er mwyn helpu'r sgwad saethu i anelu'n gywir at ei galon.

Cafodd tri ar ddeg o Gymry eu saethu i gyd. Un ohonyn nhw oedd William Jones o Lyn Nedd o 9fed Bataliwn y Ffiwsilwyr Cymreig. Roedd Jones wedi ffoi o ganol y brwydro ym Mehefin 1917. Aeth ar y trên trwy Ffrainc, i Loegr ac am adref. Ym mis Medi aeth i swyddfa'r heddlu ym Mryste i gyfaddef ei fod wedi cilio. Cafodd ei anfon yn ôl i Wlad Belg ar unwaith i sefyll ei brawf, a chafodd ei saethu.

Shot at Dawn

Mae mudiad o'r enw *Shot at Dawn* wedi cael ei ffurfio i ymgyrchu am bardwn i'r milwyr truenus hyn. Maen nhw'n pwysleisio bod sawl un ohonyn nhw yn ifanc iawn ac yn dioddef o ofn, straen neu sioc rhyfel. Doedden nhw ddim wedi cael prawf teg. Yn 2001, cododd y mudiad gofeb iddyn nhw yn Swydd Stafford. Yn y gofeb mae 306 postyn pren yn sefyll mewn hanner cylch, ag enw milwr gwahanol ar bob un. Yn y canol mae cerflun gwyn o Herbert Burden, bachgen dwy ar bymtheg oed a fethodd ymdopi â brwydr Yprés. Cafodd ei saethu gyda'r wawr.

Ym mis Tachwedd, 2006, cytunodd Tŷ'r Cyffredin i estyn pardwn i'r milwyr hyn i gyd.

Dysgu gwers greulon

O'r Oesoedd Canol tan Oes Victoria roedd pob math o gosbau corfforol creulon yn cael eu defnyddio yng Nghymru i ddysgu gwersi i droseddwyr. Câi carcharorion rhyfel eu cosbi trwy dorri rhannau o'u cyrff i ffwrdd, neu dynnu eu llygaid fel na allen nhw ymladd fyth eto. Câi llawer eu harteithio – trwy gael eu clymu wrth glwyd a thynnu eu breichiau a'u coesau nes eu bod mewn poen difrifol ac yn barod i gyfaddef unrhyw beth. Câi arteithio ei ddefnyddio hefyd i brofi gwrachod, ac i wneud i offeiriaid gyfaddef eu bod nhw'n Gatholigion yn Oes Elisabeth I.

Roedd llosgi rhan o'r corff yn ddull arall o gosbi. Ac roedd rhai yn cael eu chwipio'n greulon. Penderfynodd Llys Chwarter Caernarfon ddysgu gwers i Grace Rowland am ddwyn dafad yn Llanrug ym 1686. Cafodd ei chludo at Borth yr Aur yn y dref. Tynnwyd ei dillad o'i chanol i fyny a'i chlymu wrth gert a cheffyl, yna ei llusgo ar hyd y Stryd Fawr. Ar hyd y ffordd o Borth yr Aur i'r Porth Mawr, roedd yn cael ei chwipio nes bod ei chorff yn waed i gyd.

Torri bawd!
Ym 1081, cosbwyd milwyr byddin Gruffudd ap Cynan gan Hugh, Iarll Caer, trwy dorri bawd llaw dde pob milwr i ffwrdd. Fydden nhw ddim yn gallu dal cleddyf na saethu â bwa a saeth fyth eto.

Llosgi llaw!
Cosb melinydd y Frogwy, Ynys Môn, am ladd ei forwyn ym 1735 oedd llosgi ei law.

Tynnu llygaid!
Er mwyn dial ar yr Arglwydd Rhys ac Owain Gwynedd, tywysogion Cymru, tynnodd y Brenin Harri II lygaid 22 o wystlon (gwystl – rhywun sy'n cael ei gadw mewn carchar gan ei elyn er mwyn helpu cadw heddwch). Gwnaeth hyn oherwydd iddyn nhw godi byddin yn ei erbyn ym 1165. Roedd dau fab Owain a dau fab Rhys ymhlith y gwystlon truenus yma. Bu Maredudd Ddall ap Rhys yn byw fel mynach, yn hytrach na milwr, am weddill ei fywyd.

Ym mhob tref hefyd, roedd rhigod (pilwri, sef cyffion am y gwddf neu gyffion traed). Câi pobl leol lawer o hwyl yn chwerthin am ben troseddwyr mewn rhigod neu gyffion, ac yn taflu pob math o fudreddi a charthion atyn nhw. Yn ardal Caernarfon ym 1563, cafodd John ab Ieuan ei chwipio a'i roi yn y rhigod am ddwyn bwyell. Os byddai rhywun yn y rhigod yn hir iawn, gallai dorri ei wddf.

Tomos Glyn Cothi
Pan gafodd yr offeiriad Tomos Glyn Cothi ei roi yn y rhigod am gefnogi Chwyldro Ffrainc tua 1813, prynodd wasgod a chot fawr newydd er mwyn herio'r awdurdodau, a chanodd Emyn Rhyddid yn uchel. Safodd ei ferch yn ei ymyl drwy'r amser. Pan daflodd dynes wy at Tomos, ymosododd y dyrfa arni hi.

Ym 1975, dywedodd y Cenhedloedd Unedig (cymdeithas o wledydd y byd), eu bod yn erbyn arteithio a phoenydio corfforol a meddyliol. Ond mae llawer o bobl yn dal i ddioddef fel hyn trwy'r byd heddiw.

Cosbi ... am fod yn dlawd

Mae rhai pobl wedi bod yn dlawd yng Nghymru ar hyd y canrifoedd. Ond yn Oes y Tuduriaid, yn sydyn, roedd llawer mwy o dlodion yn crwydro'r wlad ac yn cardota am fwyd nag erioed o'r blaen. Pasiodd y llywodraeth sawl deddf i'w cosbi. Un gosb oedd tynnu eu dillad, eu clymu â rhaff a'u chwipio drwy'r pentref. Os byddai crwydryn yn troseddu, câi ei hoelio trwy ei glust yn sownd wrth bostyn yng nghanol y dref. Roedd crwydriaid yn cael eu gwarthnodi trwy losgi siâp 'V' ar eu crwyn â haearn crasboeth, fel bod pawb yn gwybod eu bod yn dlawd.

Ym 1601 pasiwyd deddf yn rhannu crwydriaid yn dri chategori:

(i) rhai ifanc, iach – dylen nhw weithio;
(ii) rhai hen a sâl – dylen nhw fyw mewn cartrefi arbennig, o'r enw elusendai;
(iii) rhai diog a drwg – dylen nhw gael eu cosbi.

Roedd yn rhaid i bob plwyf gasglu arian i dalu am edrych ar ôl ei grwydriaid hen a sâl. Daeth yn arfer felly i orfodi tlodion i wisgo bathodyn a oedd yn nodi i ba blwyf roedden nhw'n perthyn. Os byddai tlotyn yn crwydro i blwyf arall i gardota, câi ei anfon yn ôl i'w blwyf ei hun.

Pan gafodd Margaret ferch Ieuan o Ffestiniog ei dal yn dwyn nwyddau gwerth saith ceiniog ym 1557, cafodd ei chwipio a'i hoelio wrth ei chlust ar bostyn yng nghanol y dref.

Y Wyrcws

Erbyn 1834, doedd y plwyfi ddim yn gallu ymdopi â'r miloedd o dlodion oedd yn y wlad. Pasiodd y llywodraeth Ddeddf y Tlodion yn dweud bod yn rhaid i bob tlotyn, ifanc, hen, sâl neu ddiog, na allai gynnal ei hun, fynd i fyw mewn wyrcws neu dloty. Roedd y wyrcws fel carchar. Câi teuluoedd eu gwahanu, roedd y bwyd yn ddiflas ac roedd yn rhaid i bawb weithio'n galed. Os byddai tlotyn yn torri rheolau'r wyrcws, câi ei gosbi'n llym.

Wyrcws Aberteifi: celloedd torri cerrig

Rheolau'r Wyrcws

Dyma bennill o faled R. Williams, Morgannwg sy'n sôn am reolau'r wyrcws:

'Ni chaiff y gŵr fod gyda'i wraig o fewn y muriau mawrion,
Na'r plant fod gyda'u mamau mwyn, i'w dwyn i fyny'n dirion;
Un brawd na chwaer, un gŵr na gwraig, ni chânt ddifyrrwch hylwydd,
Tra fônt o fewn y muriau maith, na gweled chwaith mo'i gilydd.'

Cafodd Rolant a Betsy Jones o'r Hen Hafod ganiatâd i fyw gyda'i gilydd yn wyrcws y Bala, am eu bod wedi bod yn briod am gyfnod hir iawn. I ddathlu hynny, tynnwyd llun o'r ddau ar gyfer cerdyn post ym 1870.

Yn Oes Victoria, cafodd Mary Davies o wyrcws Ffordun, Powys, ei chosbi am wneud gormod o sŵn. Cafodd ei rhoi mewn genfa cecren – ffrâm fetel oedd yn cael ei rhoi am ei phen gyda thafod metel yn mynd i mewn i'w cheg i'w rhwystro rhag siarad o gwbl.

Ddechrau'r ugeinfed ganrif, cafodd hen bobl bensiwn gan y llywodraeth a daeth yswiriant i helpu rhai sâl a'r di-waith. Yna, ym 1945, daeth y Wladwriaeth Les i fod, i gynnal y tlawd a'r anghenus. Does neb yn cael ei gosbi am fod yn dlawd heddiw.

21

Carchar tywyll du

Mae taflu troseddwr i garchar wedi bod yn gosb gyffredin ar hyd y canrifoedd. Roedd carchar ym mhob castell. Yn wir, roedd dwnsiwn erchyll mewn sawl un – twll du gwlyb, heb ffenestri ac yn llawn llygod mawr. Mae sôn am ddwnsiwn dwfn yng nghastell Dinbych, ac mae Tŵr y Dwnsiwn i'w weld heddiw yng nghastell Penfro.

Câi ambell garcharor rhyfel peryglus ei garcharu am flynyddoedd. Carcharwyd Owain Goch yng nghastell Dolbadarn am ugain mlynedd (o tua 1257 i 1277) gan ei frawd iau, Llywelyn ein Llyw Olaf. Bu nai iddynt, Owain ap Dafydd, yng ngharchar Bryste bron ar hyd ei oes. Ar ôl i Owain geisio dianc, câi ei gau mewn cawell fel anifail gwyllt bob nos.

Carchar enwocaf Prydain oedd Tŵr Llundain. Carcharwyd llawer o Gymry yno, gan gynnwys Gruffudd ap Llywelyn a Catrin Glyndŵr a'i phlant. Ym 1531, cafodd Rhys ap Gruffudd, Arglwydd Caeriw yn Sir Benfro, ei ddienyddio ar Fryn y Tŵr gerllaw am fradychu Harri VIII.

Lle nad oedd castell cyfleus, gwnâi unrhyw adeilad diflas a thywyll y tro fel carchar. Yna, ym 1774, daeth John Howard ar daith o gwmpas carchardai Cymru. Roedd eisiau gwella eu cyflwr. Aeth i garchar Caerfyrddin a sylwodd nad oedd tai bach na dŵr yno, nad oedd gwydr yn y ffenestri ac nad oedd tanwydd na dodrefn ar gael. Gwelodd fod dynion, menywod a phlant i gyd yn yr un ystafell. Sylwodd fod yn rhaid i garcharorion dalu i gael eu rhyddhau. O'r diwedd, llwyddodd Howard i berswadio'r Senedd i basio deddf a fyddai'n gwella carchardai Prydain. Erbyn 1789, roedd carchar newydd yng Nghaerfyrddin a sawl man arall. Dyma ddechrau cyfnod newydd yn hanes carchardai Prydain.

Gwenllian

Nid mewn carchar y cafodd Gwenllian, unig ferch Llywelyn ein Llyw Olaf, ei charcharu. Yn hytrach, cadwyd hi am dros hanner canrif mewn lleiandy (cartref i ferched crefyddol) yn Sempringham, Swydd Lincoln. Roedd Brenin Lloegr yn fodlon talu £20 y flwyddyn i'w chadw yno fel na allai hi gael plant a fyddai'n ymladd dros Gymru.

Charles Lloyd

Cafodd Charles Lloyd, Crynwr o Ddolobran, Powys, ei garcharu am ddeng mlynedd rhwng 1662 ac 1672 am wrthod mynd i wasanaethau Eglwys Loegr. Roedd carchar y Trallwng yn ffiaidd o fudr. Yn yr ystafell uwch ei ben roedd lladron a llofruddion, ac roedd eu carthion drewllyd yn disgyn am ben Charles Lloyd a'i wraig, oedd wedi ymuno ag ef yn y carchar.

Y Tŷ Crwn

Y Tŷ Crwn oedd carchar tref Abermaw, Gwynedd. Yma, byddai carcharorion yn aros i fynd o flaen y llysoedd. Bu sawl meddwyn yn sobri dros nos yn y Tŷ Crwn.

Castell Dolbadarn, lle y carcharwyd Owain Goch

Twr Llundain

Catrin Glyndŵr

Merch Owain Glyndŵr oedd Catrin Glyndŵr. Pan syrthiodd castell Harlech i fyddin Lloegr ym 1408, cafodd Catrin a'i phlant eu carcharu yn Nhŵr Llundain. Erbyn 1413, roedden nhw wedi marw ac wedi cael eu claddu yn Eglwys Sant Swithin gerllaw. Cafodd yr eglwys ei dinistrio gan fom yn ystod yr Ail Ryfel Byd. Yn 2001, codwyd cofeb ar y safle i gofio Catrin a'r holl famau eraill sydd wedi dioddef oherwydd rhyfel.

Carchardai Oes Victoria

Roedd gwell trefn ar garchardai erbyn y bedwaredd ganrif ar bymtheg, ond roedd mynd i garchar yn dal i fod yn brofiad dychrynllyd. Roedd yn rhaid i lawer o droseddwyr wneud llafur caled, sef gwaith anodd fel **pigo ocwm (glanhau rhaffau yn llawn tar du)** neu fynd ar **y felin draed (drwm â rhes o risiau arno)**. Byddai'n rhaid i garcharorion ddringo'r felin draed yn ei hunfan yn ddi-ddiwedd am oriau. Mewn diwrnod, byddai carcharor wedi dringo tua 2,500 metr, sef dwywaith uchder yr Wyddfa! Roedd yr ynni roedden nhw'n ei greu ar y felin draed yn pwmpio dŵr i'r carchar. Golchi dillad, glanhau a phigo ocwm oedd prif waith y menywod, er y byddai ambell un yn gorfod troedio'r felin draed hefyd.

Os oedd carcharor yn troseddu yn y carchar, câi gosb ychwanegol. Roedd siarad, gweiddi, rhegi, chwibanu, a hyd yn oed gwneud arwyddion yn droseddau yng ngharchar Rhuthun ym 1850. Ym Miwmaris ym 1847, cafodd Catherine Morris, dwy ar bymtheg oed, ei chau mewn cell unig heb olau a'i gorfodi i fyw ar fara a dŵr am ddiwrnod cyfan, oherwydd iddi gega ar y Metron.

Roedd bwyd carchar yn undonog. Câi'r carcharorion uwd blawd ceirch i frecwast a swper, bara neu datws i ginio, ac ambell bryd o lobsgows neu gawl cig eidion.

24

Y felin draed

Yng ngharchar Hwlffordd ym 1830, roedd y felin draed yn darparu gwaith ar gyfer 64 o garcharorion. Dywedodd y meddyg yno na ddylai mamau oedd yn bwydo'u babanod orfod gweithio arni.

Ym 1835, gofynnodd Owen Owens, carcharor yng Nghaernarfon, am bâr o esgidiau, gan fod mynd ar y felin draed yn droednoeth mor boenus.

Pigo ocwm

Niwsans!

Bu Mary Ann Newbury yn niwsans i geidwaid carchar Caerfyddin ym 1845. Gwrthododd bigo ocwm a thaflodd ei phot piso am ben pennaeth y carchar. Ei chosb oedd cael ei rhoi mewn cadwynau mewn cell unig.

Carchardai Rhuthun a Biwmaris

Mae carchardai Rhuthun a Biwmaris yn amgueddfeydd heddiw. Yng ngharchar Biwmaris mae'r unig felin draed sy'n dal i fod yn gweithio ym Mhrydain. Yma hefyd, ym 1840, cafodd Gaynor Jones fis o garchar gyda llafur caled am ddwyn dau beint o laeth.

Cafodd Jane Roberts ei rhoi yng ngharchar Rhuthun ym 1862 am ddwyn ffedog. Roedd wedi bod yng ngharchar Fflint am ddwyn pais, ac yn nes ymlaen aeth i garchar Brixton am ddwyn gwn-nos. Mae cofrestr y carchar yn dweud bod gan Jane wallt brown a llygaid gwyrdd a bod ganddi graith fechan ar gefn ei llaw dde.

Ymolchi!

Ar ôl pasio Deddf Carchardai 1865, roedd yn rhaid i garcharorion Biwmaris ymolchi unwaith y dydd a golchi eu traed unwaith yr wythnos.

Carchar y Parc, Pen-y-bont ar Ogwr

Erbyn heddiw, pedwar carchar ac un ganolfan i droseddwyr ifainc sydd yng Nghymru. Yng ngharchar y Parc, Pen-y-bont ar Ogwr, mae tŷ bach a theledu ym mhob cell, a byrddau pŵl a thennis bwrdd ar gyfer y carcharorion.

Ond mae'r drysau ar glo a does dim dianc.

Carchar y Parc, Pen-y-bont ar Ogwr

Dianc ... o garchar!

Mae hanesion carcharorion yn ceisio ac weithiau'n llwyddo i ddianc o garchar yn llawn cyffro ac antur.

Un o'r straeon enwocaf yw hanes carchar Island Farm ger Pen-y-bont ar Ogwr. Erbyn diwedd yr Ail Ryfel Byd, roedd 1,600 o Almaenwyr yn garcharorion yno, gan gynnwys Natsïaid o fyddin Hitler. Milwyr nad oeddynt yn ddigon iach i fod ym myddin Prydain oedd yn eu gwarchod.

Ym mis Ionawr 1945, dechreuodd y carcharorion gloddio twnnel dan lawr caban 8. Dyma nhw'n llifio coesau gwelyau i gael pren i ddal to'r twnnel i fyny, a defnyddio tuniau llaeth i wneud piben i gario awyr iach i'r twnnel. Cuddion nhw'r holl bridd sbâr y tu ôl i wal ffug. Erbyn Mawrth 10fed, roedd y twnnel yn ddeunaw metr o hyd.

Roedd yr Almaenwyr wedi gwneud mapiau o'r ardal ar hancesi poced, a dod o hyd i bowdwr cyrri i dwyllo'r cŵn o gwmpas y gwersyll. Erbyn 2.15 y bore, roedd 65 o garcharorion wedi dianc yn ddiogel dan weiren allanol y gwersyll. Ond, gwelodd gard y nesaf yn ceisio dianc, ac o fewn munudau roedd deg carcharor rhydd wedi eu dal.

Island Farm heddiw

Llwyddodd 56 o garcharorion i ddianc. Gwasgaron nhw i bob cyfeiriad. Llwyddodd un grŵp i ddwyn car. Teithion nhw i Gaerdydd a dal trên i Birmingham, ond cawson nhw eu dal yn y maes awyr yno. Daliodd tri arall fws gweithwyr yng Nghwm-gwrach, rai milltiroedd i ffwrdd. Ond sylweddolodd y gweithwyr pwy oedden nhw gan nad oedden nhw'n sgwrsio'n naturiol fel pawb arall. Cyn pen saith diwrnod roedd y carcharorion i gyd wedi eu dal ac yn ôl yng ngwersyll Island Farm.

Dianc o Dŵr Llundain

Tŵr Llundain oedd prif garchar Brenin Lloegr yn yr Oesoedd Canol. Ym 1240, roedd Gruffudd, mab Llywelyn Fawr, yn garcharor yno, yng nghyfnod Harri III. Roedd yn cael bywyd digon moethus ac yn cael cwmni ei wraig Senena a'u mab Owain. Ond roedd Gruffudd eisiau dianc i hawlio'i deyrnas yn ôl oddi wrth ei hanner brawd, Dafydd. Yn y bore bach, ar Fawrth 1af, clymodd ddillad y gwely yn rhaff hir a cheisiodd ddianc drwy ffenest uchel y Tŵr. Yn anffodus, torrodd y rhaff a syrthiodd y tywysog Gruffudd i'r ddaear a bu farw.

Coch Bach y Bala

Roedd Coch Bach y Bala, neu John Jones, yn bencampwr ar ddianc o garchar. Roedd yn lleidr enwog am tua 40 mlynedd. Llwyddodd i ddianc o gell yr heddlu yn y Bala trwy gerdded allan trwy'r drws pan oedd y staff yn cael swper. Ac yng ngharchar Rhuthun ym 1913 torrodd dwll yn wal ei gell a defnyddio'r dillad gwely i ddringo dros wal y carchar. Ond y tro yma cafodd ei saethu'n farw ar Stad Nantclwyd gerllaw. Roedd diddordeb mawr yn ei hanes a chafodd cardiau post eu gwerthu i bobl yr ardal gyda lluniau o'i angladd a'r man lle cafodd ei saethu arnynt.

Carchardai enwog

Y *Clio*

Llong yn perthyn i lynges Prydain oedd y *Clio*. Ym 1877 cafodd y llong ei hangori yn Afon Menai, rhwng Bangor ac Ynys Môn. Yno, bu'n ganolfan gadw ar gyfer 250 o 'blant y gwter a bechgyn tlawd' – plant rhwng un ar ddeg a phymtheg oed o ddinasoedd Lloegr. Roedd eu rhieni naill ai yn y carchar neu wedi marw ac roedd sawl un o'r bechgyn yn lladron hefyd.

Roedd yn rhaid i'r bechgyn weithio o chwech y bore tan wyth y nos, gan ddysgu darllen, ysgrifennu a mathemateg yn ogystal â sut i hwylio. Roedd yn rhaid iddyn nhw gadw'r llong yn daclus a gwneud eu dillad a'u hesgidiau eu hunain. Roedd yn fywyd digon creulon, ac ym mynwent Llandegfan mae beddau 29 o fechgyn y *Clio*. Bu rhai farw o haint; syrthiodd eraill o'r rigin (rhaffau'n dal yr hwyliau). Roedd y bobl leol yn galw'r *Clio* yn 'llong plant drwg', ac yn rhybuddio'u plant y bydden nhw'n cael eu hanfon yno os oedden nhw'n camymddwyn.

Prentisiaid ar fwrdd y Clio

Mae cyfrifiad 1881 yn dangos mai o Fanceinion a Llundain yr oedd y mwyafrif o fechgyn y *Clio*. Ond bu ambell Gymro ar y llong hefyd, fel Hugh Edwards o Gaernarfon (pymtheg oed) a John Roberts o Fiwmaris (pedair ar ddeg oed).

Carchar Fron-goch, ger y Bala

Ym mis Mehefin 1916, yng nghanol y Rhyfel Byd Cyntaf, carcharwyd tua 1,863 o garcharorion o Iwerddon yng ngwersyll Fron-goch ger y Bala. Roedden nhw wedi codi mewn gwrthryfel yn erbyn llywodraeth Prydain a brwydro am Iwerddon Rydd.

Roedd carcharorion Fron-goch yn ddynion penderfynol. Fel carcharorion rhyfel roedden nhw'n mynnu'r hawl i wisgo'u dillad eu hunain. Roedden nhw hefyd yn frwd dros achos Iwerddon Rydd, a buon nhw'n cynllunio sut i ail-ddechrau'r gwrthryfel tra roedden nhw yn y gwersyll. Un o'r carcharorion oedd Michael Collins a ddaeth yn bennaeth byddin Iwerddon Rydd. Synnodd ef glywed Cymry ardal y Bala yn siarad Cymraeg bob dydd, a phenderfynodd ddysgu ei iaith ei hun, sef Gwyddeleg. Erbyn Nadolig 1916, roedd mwyafrif y Gwyddelod wedi'u rhyddhau.

Michael Collins

Gwersyll Henllan, de Ceredigion

Yn ystod yr Ail Ryfel Byd, cafodd llawer o garcharorion o'r Eidal a'r Almaen eu carcharu trwy Gymru. Defnyddiwyd cabanau ger pentref Henllan, Sir Gaerfyrddin, fel carchar i Eidalwyr. Yn ystod y dydd bydden nhw'n gwisgo siwtiau brown â chylchoedd melyn arnyn nhw, ac yn gweithio ar ffermydd yr ardal.

Y capel yng ngwersyll Henllan

Gwersyll Henllan heddiw

Un o'r carcharorion oedd yr arlunydd Mario Ferlito. Penderfynodd baentio darlun o Swper Olaf Iesu Grist ar wal capel bach y gwersyll. Defnyddiodd sudd ffrwythau a llysiau i gael y lliwiau iawn. Bu carcharorion eraill yn creu canwyllbrennau o duniau bîff a choco. Gallwch ymweld â'r capel heddiw a rhyfeddu at waith y carcharorion rhyfel o'r Eidal.

I garchar ... dros y môr mawr

Rhwng yr ail ganrif ar bymtheg ac Oes Victoria cafodd nifer o Gymry eu halltudio, neu eu trawsgludo (eu cosbi trwy eu hanfon i 'garchardai' dros y môr). Roedd llywodraeth Prydain eisiau cael gwared â throseddwyr peryglus, trwy eu hanfon mor bell â phosibl o gartref. Yn America, byddai'r troseddwyr yn gweithio heb dâl. Bydden nhw'n gorfod gweithio ar ffermydd tybaco yn Virginia neu Georgia am sawl blwyddyn cyn cael eu traed yn rhydd.

Ond, wedi i America dorri'n rhydd o Brydain ddiwedd y ddeunawfed ganrif, penderfynodd llywodraeth Prydain agor cyfandir enfawr Awstralia fel carchar – heb waliau ond y môr mawr. Cyrhaeddodd y llynges gyntaf o droseddwyr yn harbwr Sydney ym 1788. Os oedd y carcharorion hyn yn lwcus, caen nhw feistr caredig. Os oedden nhw'n anlwcus, caen nhw feistr caled a chreulon. Ar ddiwedd eu tymor fel carcharorion, byddai rhai yn dod yn ôl i Gymru, ond arhosodd llawer yn y wlad newydd a dod yn aelodau gweithgar a llwyddiannus o'r gymdeithas yno.

Ym 1773, cafodd Margaret Thomas o Lanbedr-goch, Ynys Môn, ei thrawsgludo i America am saith mlynedd, am ddwyn clogyn a ffedog.

Cafodd Benjamin Clark o Forgannwg, dyn 24 oed, ei alltudio i Awstralia am saith mlynedd ym 1852-3 am ddwyn darn pres gwerth deg swllt (50 ceiniog).

John Frost

Fel hyn y disgrifiodd John Frost y chwip a gâi ei defnyddio i gosbi troseddwyr drwg:

'Câi'r cordyn ei roi i wlychu mewn dŵr hallt ac yna ei sychu yn yr haul. Felly, roedd yn mynd fel weiren, ac roedd yr 81 cwlwm ynddo yn torri'r cnawd fel llif.'

Cafodd Frost ei alltudio i Van Diemen's Land, Awstralia am helpu trefnu protest y Siartwyr (mudiad oedd eisiau i bob dyn gael y bleidlais a hawliau eraill) yng Nghasnewydd ym 1839. Bu'n gweithio fel clerc ac athro yno. Ym 1856, daeth yn ôl i Brydain yn ddyn rhydd.

Zephaniah Williams

Bu arweinydd arall Siartwyr Casnewydd, Zephaniah Williams, yn ddigon ffodus i ddarganfod glo yn Van Diemen's Land ar ôl bod yn garcharor yno am flynyddoedd. Daeth yn ddyn eithaf cyfoethog, a theithiodd ei wraig a'i ferch draw ato o Gymru ym 1854, ar ôl pedair blynedd ar ddeg ar wahân.

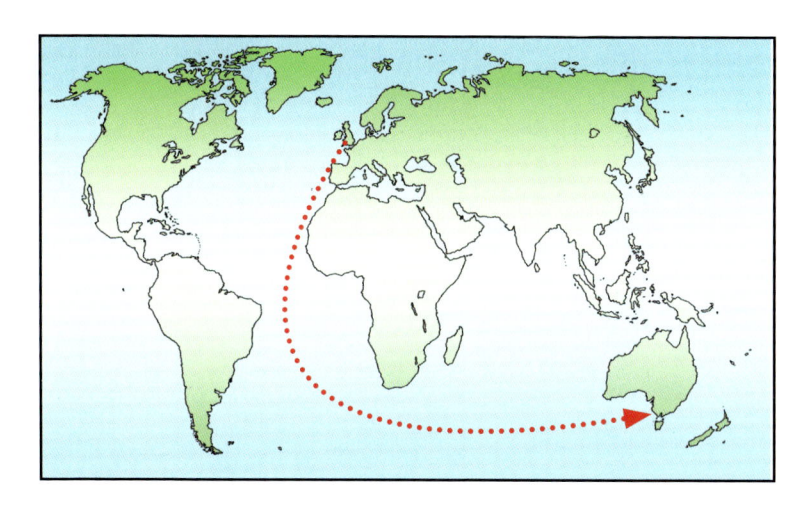

Roedd llawer mwy o ddynion na merched yn Awstralia ac roedd angen dechrau teuluoedd i ffermio a datblygu'r wlad newydd. Felly, yn aml, os byddai merch ifanc gref yn cyflawni trosedd fach ddibwys ym Mhrydain, byddai'n cael ei chosbi trwy ei thrawsgludo i garchar dros y môr, er nad oedd bob amser yn haeddu cosb mor llym. Ar ôl cyrraedd Awstralia, câi'r merched llai ffodus eu hanfon i garchardai neu ffatrïoedd erchyll, fel Ffatri Parramatta ger Sydney. Byddai troseddwyr a dynion sengl yn dod yno i ddewis gwraig. Byddai'r merched yn sefyll mewn rhesi, a'r dynion yn cerdded i fyny ac i lawr yn eu llygadu. Yna, byddai'r dyn yn gollwng hances boced wrth draed y ferch roedd e eisiau'n wraig. Os oedd hi'n codi'r hances, bydden nhw'n priodi ar unwaith.

Carcharorion rhyfel

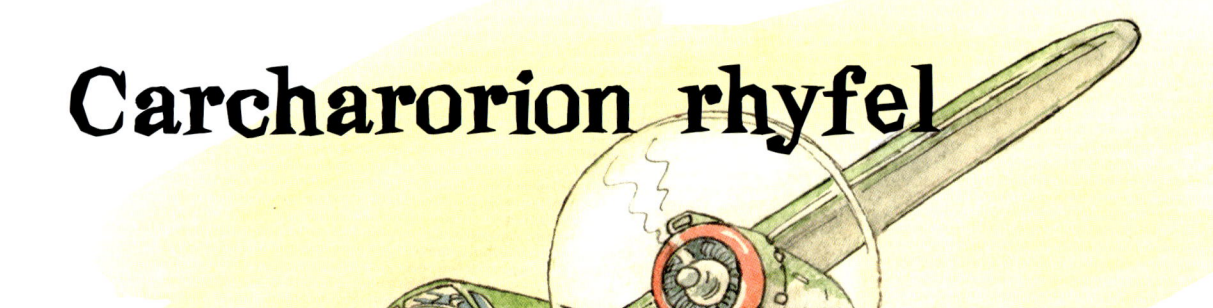

Yn ystod pob rhyfel, os yw milwyr cyffredin yn cael eu dal gan y gelyn maen nhw'n cael eu carcharu, yn aml hyd ddiwedd y rhyfel. Mae llawer o Gymry wedi bod yn garcharorion ar hyd a lled y byd, yn enwedig yn ystod y ddau Ryfel Byd yn yr ugeinfed ganrif. Ac mae ganddynt straeon rhyfeddol.

John Escott: Carcharor yn Burma

Bu John Escott o Gaerdydd yn garcharor yng ngwersyll rhyfel y Japaneaid yn ystod yr Ail Ryfel Byd. Wnaeth e ddim siarad gair am ei gyfnod poenus yno am dros 60 mlynedd. Yna, penderfynodd ddweud yr hanes erchyll. Gweithiai ar reilffordd enwog Burma, oedd yn cael ei galw'n Rheilffordd Marwolaeth, ac roedd y gardiau a'r swyddogion yn ddychrynllyd o greulon. Un diwrnod hedfanodd awyren Americanaidd dros y carchar a gollwng taflenni yn dweud bod y gwersyll yn mynd i gael ei fomio. Ffurfiodd y carcharorion siâp 'V' (am *victory*/buddugoliaeth) ar y man glanio i rybuddio'r peilot. Sylweddolodd hwnnw pwy oedden nhw a hedfan i ffwrdd heb fomio'r gwersyll.

Elias Henry Jones: Carcharor yn ystod y Rhyfel Byd Cyntaf

Bu Elias Henry Jones o Aberystwyth yng ngharchar rhyfel Yozgad yn Nhwrci yn ystod y Rhyfel Byd Cyntaf. Ym 1920, cyhoeddodd lyfr, *The Road to En-Dor*, yn sôn am ei helyntion yno. Roedd mynyddoedd ac anialwch o amgylch y carchar, a doedd hi ddim yn bosibl dianc dros y tir. Yn y gwersyll, roedd y milwyr yn dysgu coginio ac yn trefnu chwaraeon, cerddorfa a gwersi mathemateg, Ffrangeg ac ati i basio'r amser. Ond roedd Jones eisiau dianc. Penderfynodd ef a charcharor o Awstralia o'r enw Hill, ar gynllun hynod iawn. Yn gyntaf llwyddon nhw i berswadio'r carcharorion a'r swyddogion eu bod nhw'n gallu siarad ag ysbrydion, ac y byddai ysbryd yn dweud wrthyn nhw ble roedd trysor wedi ei guddio. Cymraeg oedd iaith yr ysbryd! Roedd Jones yn adrodd y pennill Cymraeg 'Tra bod dŵr y môr yn hallt …'! Ond methodd y cynllun hwn. Felly, dechreuodd Jones a Hill esgus eu bod yn wallgof. Bu bron iddyn nhw farw wrth geisio crogi eu hunain. O'r diwedd, blinodd y swyddogion ar y ddau a chawson nhw eu hanfon i ysbyty yn Istanbul, yna'u gyrru'n ôl adre ym mis Hydref 1918. O fewn chwech wythnos roedd y rhyfel ar ben ac roedd y carcharorion eraill i gyd yn rhydd hefyd!

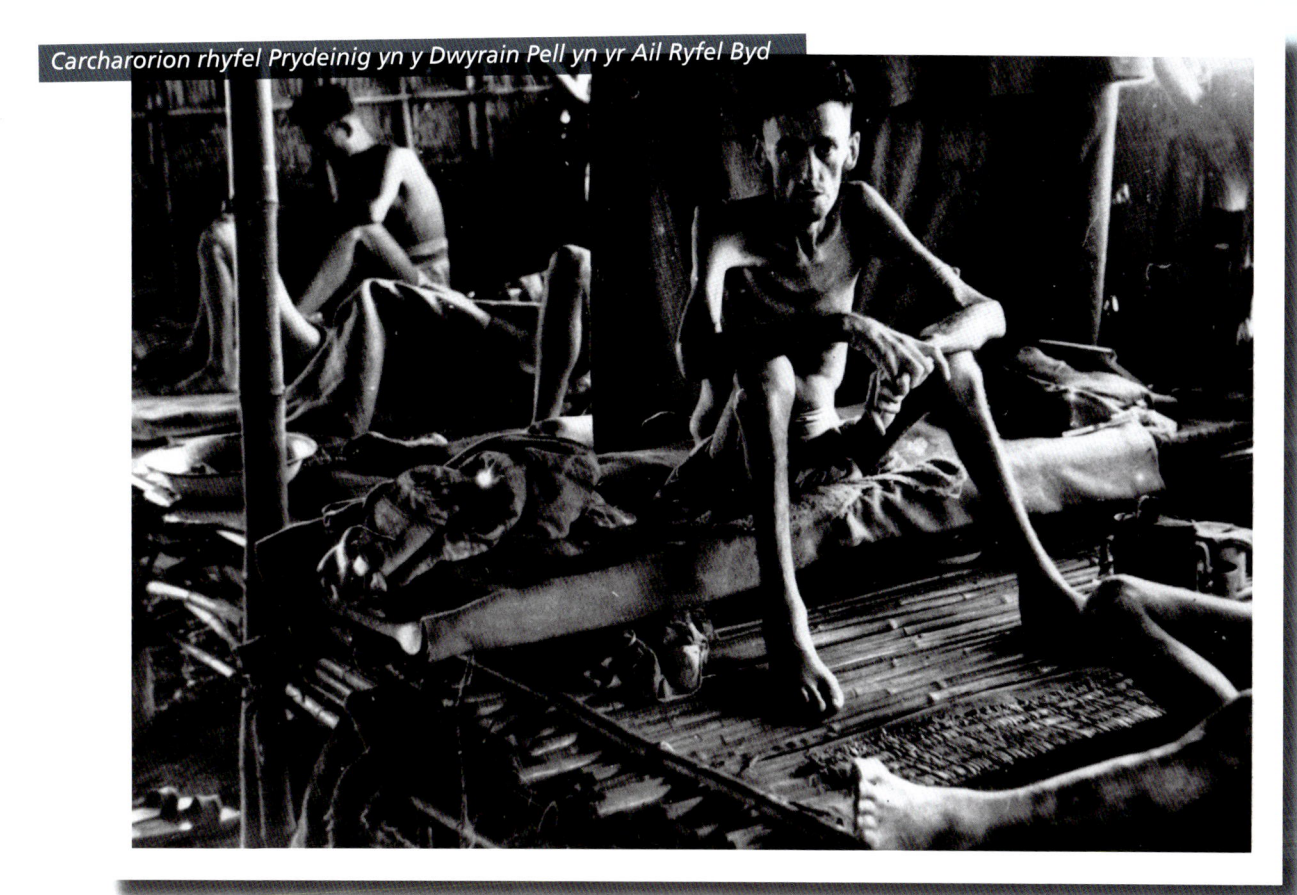

Carcharorion rhyfel Prydeinig yn y Dwyrain Pell yn yr Ail Ryfel Byd

Imperial War Museum

Brynly Owen Thomas: Carcharor gyda'r Japaneaid

Treuliodd llawer o filwyr Cymreig gyfnod yr Ail Ryfel Byd yn garcharorion i filwyr Japan. Cafodd Brynly Owen Thomas o Abertawe, er enghraifft, ei gipio yn Java ym 1942. Roedd y gardiau Japaneaidd yn greulon iawn. Os edrychai carcharor i wyneb milwr o Japan, câi ei guro â ffyn bambŵ. Roedd pobl yn newynu ac yn cael eu poenydio a'u cosbi am wneud y peth lleiaf. Bu farw un o bob pedwar carcharor o greulondeb, clefyd neu newyn. Daeth y rhyfel yn erbyn Japan i ben ar Awst 15, 1945, wedi i America fomio Hiroshima a Nagasaki â bomiau niwclear.

> Erbyn hyn, er gwaethaf erchyllterau'r carchardai hyn, mae cymdeithas wedi ei sefydlu i geisio dod â charcharorion rhyfel o Brydain a'r Japaneaid fu'n eu carcharu a'u cam-drin at ei gilydd.

Mynd i'r carchar ... o ddewis

Mae'n rhyfedd meddwl bod rhai pobl yn torri'r gyfraith ar bwrpas ac yn dewis cael eu cosbi trwy fynd i'r carchar. Ond mae llawer o bobl yn hanes Cymru wedi gwneud hyn am eu bod yn credu bod y gyfraith yn annheg. Roedden nhw'n dewis cyflawni trosedd ddifrifol er mwyn tynnu sylw dramatig at achos arbennig.

Ennill y Bleidlais

Yr ymgyrch dros ennill y bleidlais i fenywod yrrodd Margaret Haig Thomas (Iarlles y Rhondda) i ymuno â mudiad y Swffragetiaid (menywod oedd yn barod i dorri'r gyfraith i ennill y bleidlais) ar ddechrau'r ugeinfed ganrif. Er mwyn tynnu sylw at yr achos, taflodd fom i mewn i flwch postio llythyron yng Nghasnewydd ym 1913. Dewisodd Margaret fynd i'r carchar, er y byddai ei gŵr wedi gallu fforddio ei rhyddhau. Yn y carchar, aeth ar streic newyn, ond ar ôl pum diwrnod heb fwyd cafodd fynd yn rhydd.

Gwrthod ymladd na helpu'r ymdrech ryfel

Yn ystod y Rhyfel Byd Cyntaf roedd hi'n drosedd ddifrifol os oedd milwr oedd wedi cael ei alw i'r fyddin yn gwrthod mynd i ymladd. Ond roedd rhai'n credu bod ymladd a lladd yn anghywir. Byddai'r rhain yn dod o flaen tribiwnlys milwrol ac yn cael eu carcharu. Cafodd Gwenallt, y bardd o Gwm Tawe, ei garcharu yn Wormwood Scrubs a Dartmoor am wrthod ymladd dros y Brenin. Ysgrifennodd nofel, *Plasau'r Brenin*, yn disgrifio ei brofiadau unig yno.

Disgrifiodd Ithel Davies o Fallwyd y ffordd y cafodd ef ei gam-drin am wrthod helpu'r ymdrech ryfel. Cafodd ei garcharu yng ngharchar yr Wyddgrug, a'i glymu am chwech awr mewn gwregys rwym heb allu symud na phlygu. Yna, ymosododd swyddog arno a thorri ei drwyn.

Cafodd ambell un ei gosbi yn ystod yr Ail Ryfel Byd hefyd. Doedd Iris Cooze o Abercynon ddim yn barod i helpu'r ymdrech ryfel oherwydd ei bod yn Gristion, a chafodd ei thaflu i garchar Caerdydd am fis. Ar ôl dod allan roedd pobl yn gweiddi enwau fel 'Conshi' (*conscientious objector/ gwrthwynebwr cydwybodol*) arni. Ond roedd hi'n falch iddi sefyll dros yr hyn roedd hi'n ei gredu.

Dros yr Iaith

Mae llawer o Gymry wedi sefyll dros hawliau'r iaith Gymraeg yn ystod yr hanner can mlynedd diwethaf, a chael eu cosbi am hynny. Cafodd Angharad Tomos ei charcharu yn Holloway ym 1983. Yn ei llyfr, *Yma o Hyd*, mae'n disgrifio'r bywyd yno:

'Trwsio dillad y dynion rydan ni … drwy'r dydd, bob dydd … Milltiroedd o ddefnydd sâl streips glas a gwyn … mae rhywun yn dod i'r casgliad yn y diwedd nad ydyn nhw yn gwneud dim byd drwy'r dydd ond malu eu dillad er mwyn i ni eu trwsio nhw.'

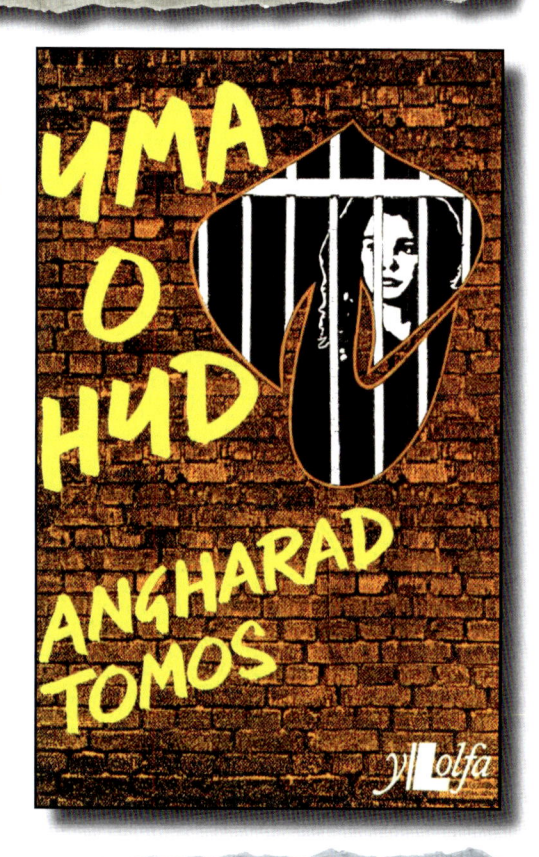

Angharad Tomos

Yn 2005 penderfynodd merch ifanc, Gwenno Teifi o Lanfihangel-ar-Arth, dorri i mewn i orsaf Radio Sir Gâr a gwneud llanast yno. Roedd hi eisiau tynnu sylw at y ffaith bod cyn lleied o Gymraeg ar Radio Sir Gâr. Gwrthododd dalu'r ddirwy a chafodd ei hanfon i garchar yng Nghaerloyw am bum diwrnod. Roedd y carcharorion eraill yn methu deall pam roedd hi yno.

Datblygiadau fforensig cyffrous

Yn ystod y can mlynedd diwethaf mae gwyddonwyr wedi darganfod technegau fforensig cyffrous i helpu'r heddlu i ddatrys troseddau difrifol.

DNA

Mae DNA yn gemegyn sy'n bresennol ym mron pob cell yn ein cyrff. Mae'n penderfynu beth yw lliw ein gwallt a'n llygaid. Ar y dechrau roedd yn rhaid casglu sampl maint pum ceiniog i gael canlyniad ond nawr mae poer neu flewyn yn ddigon.

Ers tua 1984 mae'r heddlu'n dibynnu llawer iawn ar samplau DNA o gyrff troseddwyr a dioddefwyr er mwyn datrys achosion difrifol.

Llofruddiaethau Llandarcy

Yn ystod 1973 cafodd tair merch eu llofruddio, un ar ôl y llall, mewn coedwig yn Llandarcy, ger Abertawe. Er i'r heddlu ymchwilio i'r troseddau'n fanwl a chymryd olion bysedd llawer iawn o ddynion, wnaethon nhw ddim dal y llofrudd. Yna, yn y flwyddyn 2000, wedi datblygiadau pellach yn y maes fforensig, arweiniwyd yr heddlu gan sampl DNA at ddyn oedd yn arfer byw yn Abertawe. Ond roedd hwnnw wedi marw ers deuddeg mlynedd. Codon nhw ei gorff o'i fedd a darganfod mai ef oedd y llofrudd. Joe Kappen o Borth Talbot oedd ei enw. O'r diwedd, ar ôl 30 o flynyddoedd, gallai teuluoedd y merched gau'r drws ar bennod drist iawn yn eu hanes.

Achos Lynette White

Ugain oed oedd Lynette White pan gafodd ei llofruddio yng Nghaerdydd ym 1988. Yn anffodus cafodd tri dyn eu carcharu ar gam am y drosedd ym 1990 ond ar ôl dwy flynedd cawson nhw fynd yn rhydd. Ond roedd y llofrudd yn rhydd hefyd er bod yr heddlu wedi cymryd miloedd o samplau DNA.

Yna, ddeng mlynedd yn ddiweddarach, penderfynon nhw chwilio am ragor o samplau DNA – o dan y paent yng nghartref Lynette. Darganfuon nhw DNA y llofrudd yno. Yn rhyfedd iawn, roedd gan yr heddlu gofnod o DNA tebyg iawn – yn eiddo i fachgen ifanc. Ond doedd hwnnw ddim wedi cael ei eni hyd yn oed ym 1988. Edrychodd yr heddlu'n fanwl ar DNA teulu'r bachgen a darganfod perthynas iddo – Jeffrey Gafoor o Lanharan. Pan glywodd Gafoor fod yr heddlu ar ei ôl cyfaddefodd mai ef oedd wedi llofruddio Lynette White.

Y corff yn y carped

Dyma enghraifft wych o wyddonwyr yn cydweithio i ddatrys llofruddiaeth. Ym 1989 daeth adeiladwyr o hyd i gorff wedi ei lapio mewn carped o dan batio tŷ yng Nghaerdydd. Doedd gan yr heddlu ddim syniad pwy oedd y person. Trwy astudio'r pryfed ar y carped roedd gwyddonwyr yn gallu dweud bod y person wedi marw ers tua deng mlynedd. Yna, llwyddodd deintydd i brofi, trwy edrych ar y dannedd, mai merch tua phymtheg oed oedd y corff.

Y cam nesaf oedd i artist wneud model o'r pen. Dangoswyd y model ar raglen *Crimewatch* ar y teledu. Ar unwaith ffoniodd dau berson i awgrymu mai Karen Price, a oedd wedi diflannu ym 1981, oedd hi. Wedi cymharu DNA'r corff â DNA teulu Karen roedd yr heddlu yn siŵr fod hynny'n gywir. O fewn blwyddyn roedd dau ddyn wedi eu cyhuddo o lofruddio Karen Price.

Cosbi mewn ysgolion

Mae gan bob ysgol ei rheolau ei hun a phan fydd y rhain yn cael eu torri mae'n rhaid cosbi. Yn Oes Victoria roedd plant yn cael eu cosbi'n llym am bob math o bethau fel cyrraedd yn hwyr, siarad gormod neu ymladd yn yr iard. Cosb am wneud gwaith gwael oedd gwisgo cap ffŵl a sefyll yn y gornel. Cosb arall oedd cau plentyn mewn seler neu gwpwrdd tywyll am oriau.

Ond hoff gosb llawer o athrawon oedd curo disgyblion â chansen. Bechgyn oedd yn dioddef y gosb yma gan amlaf ond gallai merched gael y gansen hefyd. Roedd plant yn credu y byddai poen y gansen yn llai os bydden nhw'n tynnu blewyn o'u gwallt, yn ei roi ar gledr y llaw ac yn poeri arno.

Ym 1901 penderfynodd y llywodraeth fod yn rhaid i bob ysgol gadw Llyfr Cosb i gofnodi pob tro y câi'r plant eu cosbi. Dim ond y prifathro oedd yn cael defnyddio'r gansen – ac ar y bechgyn hŷn yn unig. Ond mae'r Llyfrau Cosb yn dangos hefyd nad oedd pob athro'n credu mewn defnyddio'r gansen o gwbl.

Erbyn 1987 rhoddodd y llywodraeth ddiwedd ar ddefnyddio'r gansen a phob cosb gorfforol arall. Gwahardd plentyn o'r ysgol yw'r gosb fwyaf llym y gellir ei rhoi mewn ysgolion heddiw.

Llyfr Cosb Ysgol Trefor
Mae Llyfr Cosb Ysgol Trefor, Gwynedd am y flwyddyn 1909 yn dangos bod y prifathro, J.E. Williams, wedi defnyddio'r gansen 267 o weithiau. Yn wir, 'diawl o ddyn oedd yr hen sgŵl'.

Cosbi Rhys Lewis
Roedd tymer wyllt iawn gan Robin y Sowldiwr, athro'r ysgol yn nofel enwog Daniel Owen, *Rhys Lewis*, yn enwedig os oedd rhywun yn gwneud hwyl am ben ei goes bren. Cafodd Rhys ei gosbi'n llym am wneud hynny – 'y foment nesaf yr oedd y gansen yn fy nhorri bob ffordd – ar draws fy mhen, fy ngwar, fy nghefn, fy nghoesau … Aeth yn nos dywyll arnaf.'

Disgybl yn cael ei guro â chansen

Y *Welsh Not*

Darn o bren â'r llythrennau 'W.N.' arno oedd y *Welsh Not*, i'w hongian wrth gortyn am y gwddf.

Pan oedd O.M. Edwards yn blentyn yn Ysgol y Llan, Llanuwchllyn tua 1865, gwelodd y *Welsh Not* yn cael ei ddefnyddio. Mae'n disgrifio sut y byddai plentyn yn cael ei gosbi am siarad Cymraeg. Byddai plentyn arall yn mynd i ddweud wrth yr athro amdano. Yna byddai'r athro yn rhoi 'tocyn' am ei wddf nes y clywai'r plentyn rywun arall yn siarad Cymraeg. Ar ddiwedd y diwrnod ysgol byddai'r un oedd yn gwisgo'r 'tocyn' yn cael y gansen ar draws ei ddwylo.

Pan ddaeth O.M. Edwards yn Brif Arolygydd Ysgolion ym 1907 mynnodd fod y Gymraeg yn cael ei lle cywir yn addysg plant Cymru.

Ym 1847 wrth fynd o amgylch Cymru'n archwilio ysgolion y wlad sylwodd yr Arolygydd ar y '*Welsh stick*' yn ysgol Llandyrnog, Dyffryn Clwyd. Ond fel y dywedodd, doedd gan y plant ddim dewis ond siarad Cymraeg achos doedden nhw ddim yn gallu siarad Saesneg!

Mae sawl gwlad wedi defnyddio rhywbeth tebyg i'r *Welsh Not* i wthio un iaith o flaen iaith arall. Yn y 1950au yn Kenya, Affrica, roedd plant oedd yn defnyddio eu hiaith eu hunain, Gikuyu, yn lle Saesneg, yr iaith swyddogol, yn gorfod gwisgo darn metel â'r geiriau '*I am stupid. I am a donkey*' arno.

Smyglo cyffuriau

Mae smyglo wedi bod yn digwydd yng Nghymru ar hyd y canrifoedd. Tybaco, arfau, halen neu ddiodydd fel brandi a rym oedd prif nwyddau smyglwyr dair a phedair canrif yn ôl, ond erbyn heddiw cyffuriau sy'n denu smyglwyr i dorri'r gyfraith. Mae sawl hanesyn enwog am smyglo cyffuriau a Chymru.

Operation Sealbay

Cafodd yr ymgyrch hon ei galw'n *Operation Sealbay* am fod yr heddlu wedi darganfod canolfan smyglo ar draeth hardd lle roedd morloi'n nofio ger Trewyddel, ar arfordir gogledd Sir Benfro. Pysgotwr lleol, Andrew Burgess, rybuddiodd yr heddlu fod rhywbeth rhyfedd ar droed ar y traeth, wedi iddo sylwi ar gynfasau plastig du mawr yno. Pan aeth yr heddlu i chwilio ar Fehefin 19, 1983, gwelon nhw werth miloedd o bunnoedd o offer radio drud, cychod modur a phebyll o dan y cynfasau. Yna darganfuon nhw ystafell wedi ei thorri yn y traeth a drws wedi ei guddio â cherrig. Bu'r heddlu'n gwylio'r traeth am fisoedd ac o'r diwedd llwyddon nhw i ddal gang o bum dyn oedd yn cynllwynio i smyglo cyffuriau i Brydain trwy ogledd Sir Benfro.

Heddlu â chŵn sy'n chwilio am gyffuriau

Operation Julie

Cafodd trigolion pentrefi bach cefn gwlad Carno, Powys a Blaencaron, Ceredigion eu syfrdanu ar Fawrth 26, 1977 pan welon nhw lu o blismyn yn chwilio dau dŷ yn yr ardal. Mewn labordy yng Ngharno roedd cemegydd o'r enw Richard Kemp a'i bartner, y meddyg Christine Bott, wedi bod wrthi'n cynhyrchu cyffuriau pur gwerth £100 miliwn. Roedden nhw'n eu storio ym Mlaencaron. Daeth yr heddlu ar draws y ffatri gyffuriau trwy lwc pan fu Kemp mewn damwain car ddifrifol. Wrth archwilio ei gerbyd ffeindion nhw ddarn o bapur yn sôn am wneud cyffuriau. Cymerodd tua 800 o blismyn ran yn yr ymgyrch hon a chafodd ei galw yn Operation Julie ar ôl plismones yn y tîm.

Operation Capsule

Ym mis Chwefror 2006 cafodd aelodau olaf gang o ugain o smyglwyr o dde Cymru eu dal a'u carcharu am dros 121 o flynyddoedd. Arweinydd y gang oedd Darren Owen o Don-teg a gafodd ei ddal yn dianc dros y ffin o Ffrainc i Sbaen â llond car o arian. Roedd y gang wedi bod yn gwerthu cyffuriau ar hyd a lled de Cymru ac yn byw bywydau moethus iawn cyn cael eu dal.

Howard Marks: smyglwr hynod iawn

Dyma un o'r troseddwyr rhyfeddaf! Cafodd ei ddal ym 1988 a'i ddedfrydu i 25 mlynedd yn Terre Haute, Indiana, un o garchardai mwyaf erchyll America. Un o Fynyddcynffig ger Pen-y-bont ar Ogwr yw Marks. Er bod ganddo radd mewn ffiseg niwclear o Brifysgol Rhydychen penderfynodd y byddai'n well ganddo smyglo hashish a chanabis o Asia i Ewrop ac America i wneud arian. Ar gyfer hynny roedd ganddo 25 o wahanol gwmnïau, 43 o enwau a wynebau gwahanol, ac 89 o rifau ffôn! Llwyddodd Marks i dwyllo heddluoedd y byd am bedair blynedd ar ddeg.

Saith mlynedd dreuliodd Marks yn y carchar ac ers cael ei ryddhau mae wedi cyhoeddi llyfr, Mr Nice, ac wedi canu ar albwm y grŵp Cymraeg enwog y Super Furry Animals.

Canrif y car

Newidiodd y car fywydau pawb, gan gynnwys yr heddlu, yn ystod yr ugeinfed ganrif. O tua 1935 ymlaen roedd gan yr heddlu geir a doedd dim rhaid iddyn nhw ddibynnu ar feic neu feic modur i ddal troseddwr yn gyflym. Erbyn y 1960au roedd llu o geir yn patrolio'r ffyrdd. Doedd dim llawer o blismyn i'w gweld mwyach yn cerdded ar hyd strydoedd ein pentrefi a'n trefi, yn sgwrsio â'r bobl ac adnabod eu bro.

Gyda'r holl geir ar y ffyrdd datblygodd troseddau newydd fel gyrru'n rhy gyflym, gyrru'n beryglus ac yfed a gyrru. Pasiwyd nifer o gyfreithiau i wella diogelwch teithwyr. Bellach mae cyfreithiau ynglŷn â gwisgo gwregys diogelwch a phasio'r prawf gyrru a chyfreithiau sydd yn cyfyngu ar gyflymder. Os yw rhywun yn torri'r cyfreithiau hyn gall fynd o flaen llys a chael dirwy neu fynd i'r carchar hyd yn oed.

Digwyddodd un o'r damweiniau ceir cyntaf yng Nghymru yn Llanisien, Caerdydd ym 1903 pan laddwyd gwraig 75 oed gan ddyn oedd yn dysgu gyrru. Roedd y car yn teithio rhwng pump ac wyth milltir yr awr.

Gyrru'n rhy gyflym

- Un o'r rhai cyntaf i gael dirwy (o £1) am yrru'n rhy gyflym oedd Harold Bater, gyrrwr ceir Ardalydd Môn, ym 1902. Dywedodd tyst fod y car yn mynd mor gyflym (25 milltir yr awr) fel nad oedd yn gallu gweld y gyrrwr. Dywedodd yr Ynad Heddwch fod y Cymry yn rhannu'n ddau grŵp o bobl – gyrwyr ceir a'r rhai oedd yn mynd i gael eu taro i lawr gan geir!

- Un criw a gafodd eu dal yn gor-yrru yn ardal Castell-nedd oedd gyrwyr rali Pencampwriaeth Ralio'r Byd yn 2002. Cafodd un pencampwr, Freddie Loix o Wlad Belg, ddirwy o £1,750 a'i wahardd rhag gyrru am chwe mis. Ond roedd yn dal i gael gyrru oddi ar y ffyrdd cyhoeddus yn y rali ei hun.

- Daeth Richard Brunstrom, Prif Gwnstabl Heddlu Gogledd Cymru, yn enwog am ei ymgyrch i ddal gyrwyr sy'n gyrru'n rhy gyflym. Yn 2003-04 casglwyd dirwyon gwerth £3.4 miliwn trwy'r camerâu cyflymder ar ffyrdd y gogledd. Bellach, bydd rhai gyrwyr cyflym yn cael eu hanfon am wersi gyrru ychwanegol yn lle cael eu dirwyo.

- Yn 2006 cafodd gwraig o'r Wyddgrug ddirwy o £200 am yrru'n beryglus. Roedd yr heddlu wedi ei dal yn gyrru yn ardal Pwllheli, ac yn rhoi colur ar ei hwyneb â'i dwy law ar yr un pryd.

D am Dysgwr

Llanc 17 oed oedd Eirug Wyn o Ddeiniolen pan dorrodd y gyfraith ym 1967 trwy roi'r llythyren 'D' am 'Dysgwr' ar ei gar yn lle 'L' am *Learner*. Yn y pen draw enillodd ei frwydr dros hawliau'r iaith Gymraeg.

Gwefryrru mewn ceir

Erbyn diwedd yr ugeinfed ganrif roedd dwyn ceir er mwyn hwyl yn hobi peryglus ymysg pobl ifainc yng Nghymru. Dyna yw hanes y ffilm *Twin Town*, a ffilmiwyd yn Abertawe ganol y 1990au. Rhys a Llŷr Ifans oedd yn cymryd rhannau'r ddau brif gymeriad. Ond mae gwefryrru fel hyn yn hen hobi. Ym 1929 aeth dau fachgen o Arberth, Sir Benfro, ati i ddwyn car a'i yrru am sbri tua Chrymych. Ond cawson nhw ddamwain ar y ffordd a'u dal gan yr heddlu.

ⓗ Prifysgol Cymru Aberystwyth, 2007 ©

Cyhoeddwyd gan CAA, Prifysgol Cymru Aberystwyth, Yr Hen Goleg, Stryd y Brenin, Aberystwyth, SY23 2AX
(www.caa.aber.ac.uk).

Cyhoeddwyd dan nawdd Cynllun Adnoddau Addysgu a Dysgu CBAC.
Noddwyd gan Lywodraeth Cynulliad Cymru.

ISBN   978-1-84521-239-1

Mae hawlfraint ar y deunyddiau hyn ac ni ellir eu hatgynhyrchu na'u cyhoeddi heb ganiatâd perchennog yr hawlfraint.

Golygwyd gan: Fflur Pughe a Helen Emanuel Davies
Dyluniwyd gan: Richard Huw Pritchard
Argraffwyd gan: The IMEX Group (01792 704 880)

Cedwir pob hawl.

Cydnabyddiaethau

Diolch i'r canlynol am ganiatâd i atgynhyrchu deunyddiau yn y gyfrol hon:

Trwy ganiatâd Llyfrgell Genedlaethol Cymru – tud. 3, 5
Gwasanaeth Archif Sir Gaerfyrddin – tud. 3
Photolibrary Wales – tud. 5, 15, 23, 25, 26, 41
Llety'r Barnwr, Powys – tud. 6, 7
Archifdy Morgannwg/Amgueddfa Heddlu De Cymru – tud. 8
Gwasanaeth Archifau Gwynedd – tud. 11, 21, 28
Mary Evans Picture Library – tud. 12, 23
Imperial War Museum Q 70167 – tud. 17; HU 4569 – tud. 33
Amgueddfa Ceredigion – tud. 21
Getty Images: Hulton Archive – tud. 25, 38
Topfoto/HIP/British Library – tud. 27
Archifdy Prifysgol Cymru Bangor – tud. 27
Topfoto – tud. 29
Cadw. Hawlfraint y Goron – tud. 29
Mrs. J.E.Harding Rolls, Rockfield House, Rockfield, Monmouthshire trwy law Archifdy Gwent – tud. 30, 31
Y Lolfa (dyfyniad o *Yma o Hyd* gan Angharad Tomos; ffotograff gan Marian Delyth) – tud. 35
Trwy ganiatâd Hughes a'i Fab (dyfyniad o *Rhys Lewis* gan Daniel Owen) – tud. 38
Amgueddfa Cymru – tud. 39

Gwnaethpwyd pob ymdrech i olrhain a chydnabod deiliaid hawlfraint. Bydd y cyhoeddwyr yn falch o wneud trefniadau addas gydag unrhyw ddeiliaid na lwyddwyd i gysylltu â hwy.

Diolch i Carys Edwards, Gwyn Gruffydd, Nia Gruffydd, Cathryn Gwynn a Sarah Rees am eu harweiniad gwerthfawr.

Diolch i'r ysgolion canlynol am gymryd rhan yn y broses dreialu:
Ysgol Uwchradd Caereinion, Llanfair Caereinion
Ysgol Gynradd Nefyn, Nefyn, Pwllheli
Ysgol Gymunedol Talybont, Talybont, Aberystwyth
Ysgol Gyfun Ystalyfera, Ystalyfera, Abertawe